Disney
ELENA DE ÁVALOR

La guía esencial

Barbara Bazaldua

CONTENIDO

INTRODUCCIÓN

La princesa Elena de Ávalor fue atrapada en un amuleto encantado por una malvada hechicera. ¡Pero ahora es libre!, y es la princesa heredera del hermoso reino de Ávalor. Cuando sea mayor, será su reina. Elena es alegre y entusiasta, y quiere reinar con sensatez, pero tiene mucho que aprender. Necesitará todo su valor y energía –y la ayuda de sus leales amigos y familiares– para vivir las aventuras mágicas que la esperan.

ELENA

Elena solo tiene 16 años, pero como princesa heredera de Ávalor debe atender muchas responsabilidades. Por suerte, ¡es lista, valiente y vital! Y, lo mejor de todo: se ríe y aprende de sus errores.

Flores frescas de Ávalor

Joyas de oro de Maruvia

Codo con codo

Elena sabe que, con su familia y amigos, logrará cualquier cosa. A veces protege en exceso a Isabel, su hermana, ¡pero para eso están las hermanas mayores!

El rojo es intenso y luminoso, como Elena

Un corazón audaz

Elena escucha antes de juzgar. Es tan comprensiva que muchos seres que al principio parecen temibles se hacen amigos suyos.

Princesa heredera

La princesa Elena quiere ser una reina buena y sabia para Ávalor, pero debe aprender mucho antes de cumplir los 20 y subir al trono.

Zapatos ideales para bailar

«*Juro proteger y defender el reino de Ávalor.*» **Elena**

¿Sabías que...?

El tiempo que Elena pasó en el amuleto le dio poderes mágicos.

Charlas espirituales

Gracias a sus dones mágicos, Elena puede ver a guías espirituales en forma de animal. El zorro Zuzo le ofrece su sabiduría especial.

¿Verdadero o falso?

¡Elena estuvo diez años atrapada en un amuleto mágico!

Falso.
Vivió 41 años apresada en él.

Un cetro poderoso

No es fácil controlar su cetro mágico, pero Elena aprende rápido. Muestra dominio sobre algunos de sus poderes cuando lo usa para derrotar a Orizaba, el hada polilla.

EL PALACIO REAL

El elegante palacio real ha sido durante siglos la residencia oficial de los soberanos del reino de Ávalor. Ahora es el dulce hogar de la princesa heredera Elena y de su familia.

Algo se cuece

Luisa, la abuela de Elena, prepara sus famosos tamales en la cálida y animada cocina.

Listos para bailar

A Elena le encantan las fiestas y bailes, y el lujoso y reluciente Salón Real es idóneo para celebrarlos. ¡Música, maestro!

Dormitorio de ensueño

Su alegre cuarto tiene todo lo que Elena necesita para relajarse. ¡Dulces sueños, princesa!

Trono decorado con motivos tradicionales de Ávalor

Columnas de oro macizo de Maruvia

El suelo pulido es ideal para deslizarse y bailar

Un bello entorno

El palacio real se alza sobre altos acantilados encima de una refulgente cascada. Un precioso puente conduce a Ávalor.

The Avalor Times

Armando, jefe de personal en el palacio real

VIDA PALACIEGA
ENTRE BASTIDORES

La princesa heredera tiene cada vez más deberes reales. La mantienen ocupada desde el desayuno hasta la hora de acostarse. Nuestro errante reportero nos brinda una visión de algunas de sus tareas más relevantes, con información exclusiva de Armando, su leal jefe cortesano.

>> La princesa es benévola y segura. Es genial trabajar con ella. Está muy ocupada, pero siempre me atiende. >>

Armando

Como jefe de personal, Armando tiene siempre muchos papeles que Elena debe firmar, como este comunicado sobre una inminente visita real.

GOBERNAR LA CIUDAD

Elena consulta al capitán portuario Turner su parecer sobre cómo hacer de Ávalor un lugar todavía mejor.

¡UN NUEVO PUENTE!

Ya hay planes para construir un puente que unirá Ávalor y el reino de Córdoba. La princesa está emocionada, pues es su primer gran proyecto real.

VISITA REAL A ÁVALOR

《Elena vivió su primera visita real, la del rey Toshi de Satu. Fue un éxito. Los unió la importancia de la familia en sus culturas.》

Armando

La princesa Elena recibe al rey Toshi antes de presentarlo a su familia. El monarca está deseoso de conocer el reino de Ávalor.

EL CONSEJO SE REÚNE A DIARIO

Se ha anunciado que el nuevo Consejo real, escogido por la princesa Elena, se reunirá cada mañana y discutirá desde los eventos de palacio hasta los peligros que amenazan Ávalor. Los avaloreanos podrán dirigirse al Consejo de forma directa si lo desean.

LUISA Y FRANCISCO

¡Los abuelos de Elena quieren ayudarla a ser la mejor reina! Francisco es muy tradicional, pero Luisa está abierta a nuevas ideas. Elena cuenta con el consejo de ambos.

Abuelo orgulloso

Francisco se empeña en hacer las cosas a su modo, pero se alegra cuando Elena toma buenas decisiones por su cuenta.

Un cantante sensacional

Francisco emplea la música para enseñar, contar cuentos o festejar. Sus canciones son el broche de oro en toda ocasión.

Uniforme real tradicional

Gesto sabio y paciente

¿Verdadero o falso?

El apellido de Francisco y Luisa es Flores.

Verdadero.

12

Hecho con amor

Luisa cocina de maravilla y disfruta preparando comida tradicional para los suyos. Es un modo delicioso de mostrar su amor.

Sabios consejeros

Elena es tan vigorosa que a veces es impulsiva. Sus abuelos le recuerdan con dulzura que se calme y piense antes de actuar. Es un sabio consejo.

«*¡Siempre hay un lado bueno!*»
Luisa a Elena

Una abuela lista

Luisa sabe escuchar y observar, y muchas veces hace que Francisco vea las cosas desde otro punto de vista.

Sonrisa adorable

¿Sabías que...?

Luisa y Francisco provienen de un antiguo linaje noble avaloreano. Son los padres de la reina Lucía, madre de Elena.

Collar de piedras azules

MÚSICA MÁGICA

Los avaloreanos aman la música, sobre todo Elena, que es una maravillosa cantante y guitarrista. Para cualquier circunstancia siempre encuentran una canción que ayuda a quien lo necesita.

«¡Estoy lista para reinar ahora!» **Elena a Francisco**

Debate musical

Elena piensa que está lista para reinar, pero Francisco no lo cree así. Al cantar sobre sus opiniones opuestas, se ponen de acuerdo.

«Aún estás aprendiendo. Y yo también.» **Elena a Mateo**

Un canto de aliento

Mateo duda sobre su aptitud de mago y Elena le canta una canción para animarlo. Al escucharla, Mateo siente su confianza reforzada.

«*Tú ya eres alguien especial para mí.*» **Capitán Turner a Naomi**

Un anhelo especial

Cuando Elena le pide que dirija una excavación arqueológica, Naomi canta sobre su ansia de mostrar que es especial.

«*¡Siempre tendré tiempo para ti!*» **Elena a Isabel**

Amor de hermana

Isabel está triste porque Elena no puede dedicarle tiempo, pero Elena la alegra con una animada canción sobre pasar mucho tiempo juntas.

ISABEL

La cariñosa hermana de Elena tiene diez años y es una brillante inventora. Ama la ciencia, las matemáticas y resolver problemas. Quiere probarlo todo e ir a todas partes, especialmente si se trata de descubrimientos.

Una mente curiosa

Isabel quiere saberlo todo, ¡pero a veces su curiosidad la mete a ella, y a otros, en problemas!

¿Verdadero o falso?

Isabel tiene poderes mágicos, como su hermana mayor, Elena.

Falso. Isabel es muy lista, pero no tiene poderes mágicos.

Un equipo

Isabel admira a su intrépida hermana mayor, y Elena suele confiar en que Isabel ingenie soluciones para problemas complicados.

«¡Quiero hacer tantas cosas!» Isabel

Siempre ocupada

Su mente está siempre en marcha. Con un problema por resolver y herramientas, ya es feliz.

Objeto preciado

Isabel tiene mucho apego a su diario. Está repleto de cálculos, dibujos e ideas.

Nunca sale de casa sin su diario

¿Sabías que...?

¡Isabel vivió atrapada en un retrato encantado 41 años o, según sus cálculos, 14 965 días!

Con la falda corta es más fácil explorar

Diferente y orgullosa

Al ser tan lista, Isabel se siente distinta del resto. Por suerte, Elena siempre le recuerda que debe enorgullecerse de ser quien es.

LOS INVENTOS DE ISABEL

¡Isabel a diario parece soñar un nuevo invento! ¿De dónde saca sus asombrosas ideas? De su imaginación, naturalmente.

Hecho con un paraguas, cuerda y un tarro de cristal

Magnófono

¿Imaginas oír sonidos a kilómetros de distancia? Isabel está emocionada: ¡quizá con el magnófono oiga silbar a las marposas!

Parece un ropero corriente de madera

Funciona a pedales

El vestidor

Este vestidor es un invento muy útil. Te pone la ropa ¡con todo y los calcetines a juego! ¡Es genial para ahorrar tiempo!

Guitardeón

El último invento musical de Isabel combina dos instrumentos. Tocarlo es como ser una princesa-orquesta.

Guitarra + acordeón = ¡suena burlón!

Hecho con un telescopio

Proyector solar

¡Seguridad ante todo! El genial proyector solar de Isabel muestra la imagen del sol en un muro. Así todos pueden ver el eclipse sin dañarse los ojos.

Rendirse, jamás

Cuando sus inventos no funcionan a la primera, los arregla y retoca y los prueba una y otra vez.

MATEO

¡Es el mago real más joven y menos experimentado de Ávalor! Por fortuna, es muy listo y aprende rápido. Suele bromear para ocultar sus sentimientos, pero, si sus amigos necesitan ayuda, se lo toma muy en serio.

Tamborita para hechizar

Aprender hechizos

Para hechizar, Mateo toca su tamborita (varita tambor) y dice las palabras mágicas. ¡Es cada día mejor!

Ropa sencilla le da libertad de movimiento

¿Verdadero o falso?

El guía espiritual de Mateo es un armadillo.

Falso. Es un perezoso azul de tres dedos llamado «cacahuate».

Ganar confianza

A veces Mateo duda de sus habilidades mágicas, pero tiene lo que hace falta para ser un gran mago. Y Elena siempre lo alienta.

Sabiduría antigua

Cuando Mateo encuentra el libro de conjuros de su abuelo, descubre todo un tesoro de magia.

Túnicas reales

Para honrar el nuevo papel de Mateo como mago real, Elena le da la túnica que llevó su abuelo.

¡Sabías que...?

La magia corre por las venas de Mateo. Su abuelo, Alacazar, también fue mago real.

Maestro de pociones

Hacer pociones no es fácil. Pero Mateo está a la altura cuando prepara una para deshacer un hechizo del malvado mago Fiero.

Duendes

¡Estos duendecillos verdes traman algo! Quieren llevar a miles de pícaros duendes a Ávalor. Elena se da cuenta enseguida de que debe detenerlos.

Cuerpo de roca volcánica

SERES MÁGICOS

Como soberana de Ávalor, Elena se topa con muchas criaturas mágicas, se esfuerza en saber qué quiere cada una y hace cuanto puede por ayudarlas.

Marposas

Estos animales marinos púrpuras son muy amables. Ponen sus huevos en la playa. Al romper el cascarón, los bebés van al mar junto a sus mamás.

Noblins

Estos seres vellosos y púrpuras parecidos a duendes son maestros de la mutación. Se convierten en perros y transforman objetos en oro.

Su cabeza lanza
llamas cuando
se enfada

A Charoca
le encantan
las rocas de
colores

Charoca

Esta montaña colosal de roca
con forma humana entra en
erupción cuando se enoja.
Procura estar sereno, pero le
cuesta cuando le roban sus
amadas rocas.

23

ZUZO, EL ESPÍRITU GUÍA

«¡Vuelvo en dos meneos de cola de guía espiritual!»

Este radiante zorro azul es el guía espiritual personal (chanul) de Elena. La auxilia en sus aventuras mágicas y la ayuda a comunicarse con el mundo espiritual.

«Confía en mí, ¡que algo sé!»

«¿Estás lista para aprender? Porque eso es lo que importa.»

Maestro paciente

Zuzo siempre comparte su sabiduría con Elena. El uso que le dé, depende de ella.

Zorro sabio

Zuzo suele fastidiar a Elena, pero es muy sabio. Lleva siglos en el mundo y sabe mucho. También sabe que Elena debe aprender ciertas cosas por sí misma.

«Zuzo se encarga. Tú solo dime exactamente lo que sabes.»

Cetro misterioso

Ni siquiera Zuzo sabe lo que Elena debe hacer para controlar su cetro. ¡Pero hará todo lo posible por averiguarlo!

«Dar consejos es fácil. Lo difícil es aceptarlos.»

«Este es el único día del año en que los fantasmas vienen a festejar con los vivos.»

Un animal de fiestas

Los espíritus como Zuzo aman el Día de Muertos como los humanos. ¡Las fiestas son geniales!

LA CIUDAD

La ciudad de Ávalor está en el corazón del reino encantado de Ávalor y, gracias a su hermoso palacio real, plazas sombreadas y calles luminosas, tiene una magia especial. Su gente, leal y feliz, se enorgullece de llamarla hogar.

Flores radiantes cuelgan del muro y los arcos

La plaza es un popular punto de encuentro

Fama chocolatera
Ávalor es célebre por su delicioso chocolate. Elena suele regalarlo en sus visitas reales.

Las azoteas son ideales para las fiestas

Un bazar bullicioso
Los avaloreanos compran en su gran mercado al aire libre. Es un lugar ruidoso y animado lleno de puestos fascinantes.

Centro de comercio

Los mercaderes de los reinos vecinos viajan a Ávalor para comerciar. ¡Es el puerto más concurrido del mundo!

Los tejados rojos brillan bajo el sol

La alegre Ávalor

Abrigada por un puerto reluciente, altos montes y selvas profundas, Ávalor rebosa vida. El aroma de manjares deliciosos, el son de música inspiradora y risas que anuncian felicidad llenan sus calles.

LEYENDAS ANTIGUAS

En Ávalor y sus reinos vecinos abundan las leyendas. Para mucha gente son solo cuentos de hadas, pero Elena descubre que muchas... ¡sorprenden al hacerse realidad!

Una antigua talla de bronce advierte del peligro de los duendes.

Hermanos duendes

Cuenta la leyenda que había tres duendes hermanos que causaron problemas en Ávalor hasta que un mago los encerró. Si algún día logran huir, abrirán un túnel hacia su mundo y miles de duendes malignos invadirán Ávalor.

Los duendecillos verdes pueden abrir una puerta que lleva a su mundo.

El Yacalli

Las personas de Córdoba hablan del gigante Yacalli, que despierta cuando remueven o perturban su tierra. Esta gran criatura de madera es fuerte y da miedo, pero en realidad es muy educada. ¡Se disculpa antes de causar estragos!

El Yacalli solo quiere proteger su tierra y a los búhos que la habitan.

Orizaba, el hada polilla

Hace mucho tiempo, esta oscura y malvada villana quiso sembrar la oscuridad eterna en Ávalor y un mago la desterró al mundo espiritual. Pero puede regresar en un eclipse solar y tratar de lanzar otra vez su maleficio sobre el reino.

El Ojo de la Medianoche

Orizaba busca el poderoso Ojo de la Medianoche, una joya capaz de liberar los poderes oscuros.

Orizaba prefiere la oscuridad a la luz y hará cuanto pueda para que reine siempre.

NAOMI

La simpática y divertida Naomi tiene un sentido del humor sencillo, es extrovertida y resuelve los problemas de un modo práctico. No es de extrañar que a Elena le cayera bien desde que la conoció.

Hija del capitán del puerto

El padre de Naomi, Turner, es el responsable del puerto de Ávalor. Naomi suele ayudarlo en el muelle, donde conoce a mucha gente interesante.

¿Sabías que...?

La madre de Naomi es capitana de un barco. Hace poco se fue por seis meses, tres semanas y dos días.

En el Consejo real

Elena pide a Naomi que se una al Consejo real porque sabe que es muy sabia. Para Naomi es un honor, pero también está muy nerviosa.

Tiene pecas por pasar mucho tiempo bajo el sol

«*Pues salvé al reino de una invasión de duendes.*»
Naomi al capitán Turner

Alguien especial

A veces Naomi cree que debe demostrar que no es una chica cualquiera. ¡Pero su familia y amigos le recuerdan que ya saben lo especial que es!

¿Verdadero o falso?

Naomi siempre ha vivido en el reino de Ávalor.

Falso.
De hecho, nació en un reino cercano.

Siempre lleva su pulsera de jade

Aceptar responsabilidades

Naomi se emociona cuando Elena la elige para dirigir una excavación arqueológica en Ávalor.

Ropa y botas cómodas para la acción

Las mejores amigas

Las mejores amigas se ayudan. Elena y Naomi saben que siempre cuentan la una con la otra.

31

«¡Hacemos un gran equipo!»

Naomi a Elena

Falsa princesa

Durante la visita del rey Toshi, Elena convence a Naomi para intercambiar sus puestos en palacio. Naomi no cree que pueda fingir ser una princesa, ¡pero lo intenta!

Juntas en todo

Naomi y Elena están unidas hasta en el peligro, como cuando se enfrentan a Charoca, el colérico monstruo rocoso.

> Su mente práctica la ayuda a resolver problemas

AMIGAS

Naomi y Elena llevan vidas muy diferentes, pero ambas aman la aventura, ayudar a los demás y divertirse. Gracias a sus vivencias y carácter son un equipo perfecto.

Naomi al mando

Elena pone a Naomi al mando de una excavación arqueológica. Sabe que su mejor amiga está lista para asumir esa tarea.

Amigas de altos vuelos

Naomi tarda un poco en habituarse a volar en Migs, el jaguar. ¡El suelo está tan lejos! Pero pronto le encanta atravesar el cielo con Elena.

El buen corazón de Elena la ayuda a comprender a los demás

En equipo

A veces Elena y Naomi no coinciden en el mejor modo de resolver un problema, pero al final siempre se entienden.

ESTEBAN

El canciller Esteban es el primo mayor de Elena. Trata de parecer más sabio y capaz que ella, pero lo que quiere en el fondo de su corazón es que su familia lo ame y acepte.

Fuera de control

A veces el ansia de Esteban por controlarlo todo causa problemas como cuando rompió un muro de cristal y liberó a un duende malvado.

Con este dedo señala culpables a los demás

Mala impresión

Esteban quiere impresionar al rey Toshi de Satu con una danza satu. Gran error. ¡El rey Toshi quiere saber cosas de Ávalor!

Sueños de juventud

A Esteban le encanta recordar sus días de juventud. Desea volver a ser joven.

« *Quedará claro [...] quién es el auténtico
poder detrás del trono.* » **Esteban**

**Bigote
y perilla
elegantes**

Guardia personal

Higgins es el guardia real
personal de Esteban. Es leal,
pero no es tan listo ni valiente
como el guardia de Elena, Gabe.

**Siempre
viste para
impresionar**

¿Verdadero
o falso?
Esteban es el tío de Elena.

Falso.
Es su primo, aunque
mayor. Cuando Elena estuvo
atrapada en el amuleto,
él siguió creciendo.

Perfeccionista

El orgulloso Esteban
quiere parecer
perfecto y siempre
culpa a otros cuando
las cosas van mal.
¡Él es de la realeza
y no se equivoca!

LA FAMILIA ANTE TODO

Mientras Elena aprende a gobernar Ávalor, también procura dedicarle tiempo a su familia. No siempre es fácil, ¡pero sabe que la familia es lo primero!

Un amor correspondido

Los abuelos de Elena le han enseñado lo importante que es la familia. Luisa y Francisco siempre la cuidan y Elena también quiere atenderlos.

¡Felicidades, Esteban!

Esteban cree que todos han olvidado su cumpleaños. ¡No es cierto! Elena le ha preparado una fiesta sorpresa.

¿Verdadero o falso?

Luisa y Francisco criaron a Esteban.

Verdadero. Es su nieto y lo quieren.

Hermanas unidas

Sus padres no están, pero Elena e Isabel saben que cuentan la una con la otra y se tienen total confianza.

Una buena elección

Esteban sacrifica su botella de agua de la Fuente de la Juventud para salvar a Elena. Le importa más ella que la oportunidad de ser joven otra vez.

El regalo ideal

El diario que Elena le regala a Isabel es más que un simple libro. Demuestra hasta qué punto cree en el talento de su hermana.

EL DÍA DE MUERTOS

El Día de Muertos es una de las festividades favoritas de Elena. La celebración le sirve para honrar y recordar a la gente que ama.

¡El mejor altar!

Elena decora un altar para sus padres con cempasúchil, una diadema, una corona, velas y la comida que más les gustaba.

Platos de fábula

Es divertido preparar platos especiales, como calaveras de azúcar, calabaza confitada y pan dulce, el favorito de su madre.

Recuerdos familiares

Recordar los buenos tiempos con sus padres hace feliz a Elena. Sabe que están con ella en su corazón.

A disfrazarse

Al anochecer todos visten coloridos disfraces y visitan el cementerio con comida, flores y velas. ¡Arranca la festividad!

Naomi
La mejor amiga

- Comprende a los demás
- Sabe lo que la gente quiere y necesita
- Da buenos consejos ¡y hace que Elena los escuche!
- Nunca se rinde y es muy resuelta
- Hace reír a Elena

Luisa
Abuela cariñosa

- Conserva la calma
- Siempre ve el lado bueno de las cosas
- Es bondadosa y positiva
- ¡Es amable con todos!
- Le recuerda a Elena que crea en sí misma

Mil reuniones

Casi todas las reuniones del Consejo real son serias, pero a veces son divertidas. Ofrecen a Elena y sus asesores la posibilidad de escuchar al pueblo de Ávalor.

Francisco
Abuelo maravilloso
- Es el mayor sabio que Elena conoce (aunque le cueste dar su brazo a torcer)
- Es paciente y reflexivo
- ¡Tiene una canción para todo!
- Le recuerda a Elena que se detenga a pensar

Esteban
Un primo listo
- Sabe mucho sobre el reino y sus habitantes
- Es un experto en protocolo real
- Es superorganizado
- Es algo prepotente, pero ayuda a Elena

EL CONSEJO REAL

Elena está emocionada con su Consejo real. Cada persona que ha escogido es única y especial. Espera con su ayuda gobernar con sabiduría y respeto.

GABE

Gabe es apuesto y testarudo, y se toma muy en serio su papel como guardia real de Elena. Siempre piensa en el bienestar de la princesa, ¡aunque a veces se entusiasma en exceso al defenderla!

Un fogoso corcel

Fuego, el raudo caballo de Gabe, es muy bravo. Montarlo es fácil, lo difícil es mantenerse en su lomo.

¿Sabías que...?

Sus padres quieren que trabaje en la panadería familiar.

Actúa, luego piensa

A veces Gabe saca conclusiones –y su espada– muy rápido. Una vez atacó a unos noblins que solo querían volver a casa.

«Es mi deber protegerte.»
Gabe a Elena

Guardia leal

Gabe haría lo que fuera por Elena y la seguiría a todas partes. Es uno de sus mejores amigos y ella confía a ciegas en él.

¿Verdadero o falso?

Gabe está secretamente enamorado de Elena.

Verdadero. La ama desde el primer día que la vio.

Mago contra guardia

A veces una espada no puede contra la magia, como cuando el malvado mago Fiero convirtió a Gabe en una estatua de piedra.

Rivalidad amistosa

Gabe y Mateo no siempre están de acuerdo. Ambos quieren ayudar a Elena, pero con frecuencia discuten sobre cómo hacerlo.

¡PELIGRO!

Elena emprende muchas aventuras excitantes, algunas muy peligrosas, pero la brava princesa es ingeniosa y osada. Ella afrontará cualquier peligro a fin de proteger su reino y a sus seres queridos.

¡Atrapados!

Cuando los noblins capturan a Isabel y a Gabe, nada impide a Elena acudir al rescate. ¡Y es que es su hermana!

Invasión de duendes

Los malignos duendes abren un portal para que miles de duendes invadan Ávalor, pero Naomi tiene ideas geniales para evitarlo. Como todo gran líder, Elena la escucha.

En arenas movedizas

En la isla mágica de Santalos, Esteban se queda atrapado en arenas movedizas. Solo Elena y Mateo pueden salvarlo, pero deben darse prisa.

Un rio de fuego

La lava al rojo vivo fluye hacia el pueblo. Elena mantiene la calma y logra que Charoca, la colérica criatura rocosa, la enfríe a tiempo.

De piedra

Elena se arriesga a que la conviertan en piedra para derrotar al mago Fiero y liberar a sus abuelos de su hechizo.

¿PUEDES SALVAR ÁVALOR?

Ávalor es un lugar bello y feliz, pero eso no significa que siempre esté a salvo. ¿Puedes ayudar a protegerlo? Ten cuidado, sé valiente y ¡buena suerte!

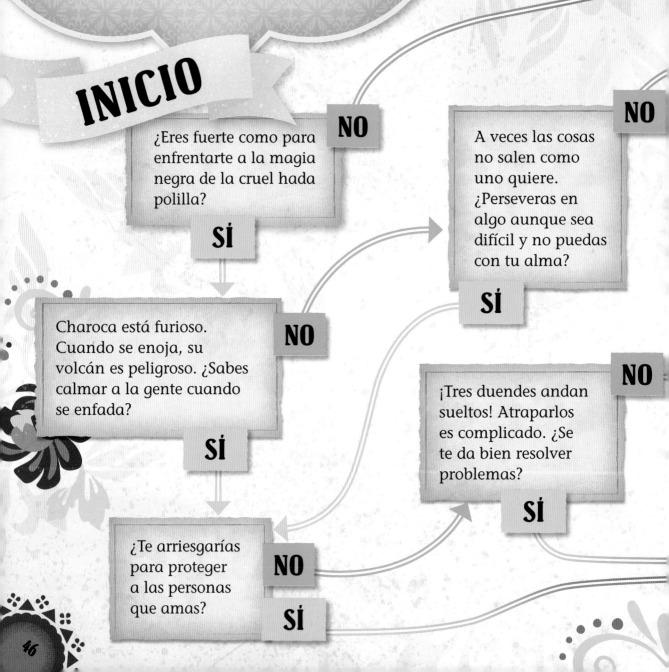

INICIO

¿Eres fuerte como para enfrentarte a la magia negra de la cruel hada polilla?

NO

SÍ

A veces las cosas no salen como uno quiere. ¿Perseveras en algo aunque sea difícil y no puedas con tu alma?

NO

SÍ

Charoca está furioso. Cuando se enoja, su volcán es peligroso. ¿Sabes calmar a la gente cuando se enfada?

NO

SÍ

¡Tres duendes andan sueltos! Atraparlos es complicado. ¿Se te da bien resolver problemas?

NO

SÍ

¿Te arriesgarías para proteger a las personas que amas?

NO

SÍ

¡Ups!
Entonces,
vete a la cama.
Va a anochecer
muy pronto.

¡Oh, no!
El volcán arde
cada vez más.
Ávalor se va a
convertir en una
ciudad de fuego.

¡Oh, oh!
Ganaron los
duendes. Ojalá
a los avaloreanos
les gusten esos
seres verdes.

**¡BIEN
HECHO!**
¡Ávalor está otra
vez a salvo!

LOS JAQUINS

Los jaquins son seres mitad aves, mitad jaguares que vuelan por los cielos de Ávalor. Pueden ser traviesos, pero son muy leales y siempre están dispuestos a ayudar a Elena y a sus amigos.

¡Ups!
Mientras jugaban, los jaquins han roto sin querer una estatua de Ávalor. Descubren que guardaba una antigua cámara secreta.

Potentes alas de plumas de guacamayo

Amistad de altura
A Elena le encanta montar a Skylar. Él y sus amigos son como mágicos corceles celestes.

Migs
A veces Migs es un gruñón, pero solo porque quiere tener bajo control a sus amigos Skylar y Luna. Ha viajado mucho y es muy sabio.

Aliado poderoso

Elena necesita ayuda para rescatar a una marposa atrapada en unas raíces y Skylar la libera con su poderosa fuerza.

Skylar

Es un alborotador poco cuidadoso y amigo de la diversión, pero también muy leal. Hará lo que sea por Elena.

Su color y pelaje son únicos

Luna

Es una temeraria que siempre anda bromeando y causando problemas. Y además logra que su primo Skylar se le una.

¿Verdadero o falso?

Los jaquins vienen del reino de Vallestrella.

Verdadero. Es su hogar. Se puede acceder a él desde Ávalor a través de una cueva mágica.

Esbelto cuerpo de jaguar, ágil y fuerte

VIAJA COMO UNA PRINCESA

La princesa Elena viaja por todo el reino para conocer y ayudar a sus súbditos. Ya sea navegando, volando o galopando, siempre se desplaza al estilo más chido.

¿Verdadero o falso?

Skylar siempre está listo para llevar a Elena.

Verdadero. Basta con que Elena lo llame.

Crucero real

No hay nada tan relajante como un día en el mar, sobre todo en un barco elegante como el crucero real de Elena, ideal para surcar las olas.

Área de observación cubierta

Hermosa decoración avaloreana

Bandera de Ávalor

Jaquin magnífico

Elena adora volar con Skylar. El fuerte y poderoso jaquin la lleva rápido a lugares de difícil acceso y ella ama la sensación de libertad que da volar.

¿Sabías que...?

El corcel de Elena se llama Canela.

Un veloz corcel

El precioso y vital caballo de Elena siempre está listo para un viaje audaz y salvaje. ¡Ir al galope es genial!

El carruaje real

Cuando Elena debe hacer una visita especial a la ciudad o viajar con familia y amigos, su carruaje le ofrece comodidad y grandeza real.

«No se trata de cuántos hechizos conozcas...»

Elena a Mateo

La isla que se esfuma

Nadie puede quedarse mucho tiempo en la isla de Santalos. Es mágica y desaparece con la puesta de sol, junto con todo aquel que esté en ella.

Luz mágica

El Cetro de Luz de Elena es un antiguo tesoro maruviano que la ayuda a canalizar su magia. Ahora está aprendiendo a usarlo.

Fuente de la Juventud

Su agua mágica vuelve joven a quien la beba, ¡pero demasiados sorbos pueden volverla mucho más joven de lo que desea!

Magia protectora

En Ávalor hay magia buena y mala. Por suerte para Elena y sus amigos, los hechizos de Mateo los protegen de cualquier mal.

UN REINO MÁGICO

Ávalor rebosa magia, ¡y es gloriosa y fantástica! Sin embargo, en las manos equivocadas puede ser peligrosa. Elena y sus amigos deben aprender a respetar la magia que llena sus aventuras.

Pétalos poderosos

Un mordisco de esta flor mágica devuelve a la gente a su edad auténtica. Mateo la recoge para ayudar a Esteban, ¡que se ha convertido en bebé!

SE BUSCA

Fiero

Mago oscuro en busca del Códice Maru, antiguo libro de hechizos. Fue visto por última vez entrando al palacio camuflado de buen anciano.

Recompensa: Suministro de por vida del mejor chocolate avaloreano.

¡Atención!

Fiero usa una tamborita (varita tambor) negra para petrificar a quien se cruza con él. Solo puede vencerlo un poderoso mago.

No se acerquen a él.

Orizaba

Cruel hada polilla que ansía sumir a Ávalor en las tinieblas. Fue vista por última vez yendo a Sunstone con el Ojo de la Medianoche.

SE BUSCA

Recompensa: Una audiencia privada con la princesa heredera Elena.

¡Cuidado!

Orizaba usa un peligroso humo púrpura que atraviesa obstáculos y aturde a la gente. Solo puede derrotarla la luz mágica de un arma poderosa.

No traten de apresarla.

Lecciones aprendidas

Para ser un soberano sabio hace falta práctica y experiencia. Elena adquiere ambas habilidades en sus aventuras. Con cada reto al que se enfrentan ella y sus amigos, aprende lecciones fundamentales.

1. Escuchar y aprender
Los traviesos noblins roban un barco y Elena entra en acción. Pero cuando escucha su relato se da cuenta de que extrañan su hogar y necesitan ayuda.

2. ¡La fe mueve montañas!
Esteban libera por error a los duendes, pero no escucha las ideas que tiene Naomi para atraparlos. Por suerte, ella tiene fe en sí misma.

3. Ser comprensiva
Charoca quiere que dejen de robar sus rocas. Elena es la única que intenta entender por qué eso lo enoja tanto y que respeta sus sentimiento

Lo que he aprendido:

1. Observar, escuchar y aprender. ¡Estudiar bien la situación antes de actuar!

2. Confiar en ti mismo. Creer en el talento propio y en el conocimiento adquirido. Pero mantenerse alerta para aprender más.

3. Mostrar respeto hacia los demás. Tratar bien a la gente calma su ira.

4. Ser paciente. Aprender nuevas destrezas es difícil y exige práctica.

5. Jugar en equipo. Nadie tiene siempre todas las respuestas.

4. La práctica hace al maestro
Elena debe pasar más tiempo averiguando cómo y por qué funciona su cetro antes de usarlo con seguridad.

5. Trabajar en equipo
Elena y sus amigos deben aprender a trabajar en equipo, incluso cuando parezca que su problema no tiene solución.

Rey Héctor

Mandón y abusivo que cree que todos deben hacer su voluntad. ¿Podrá Elena enfrentarlo?

Doña Paloma

Es la poderosa y decidida jefa del Gremio de Comerciantes de Ávalor. Está obsesionada con ganar dinero.

Rey Toshi

El amable y cortés monarca del reino de Satu cree que la familia es lo primero.

CARAS NUEVAS

La princesa Elena se reúne con importantes líderes y gobernantes de otros reinos. Algunos son muy distintos a ella, pero debe aprender a llevarse bien con todos.

Rey Raja

El rey de Napurna es un soberano tímido. Elena quiere infundirle seguridad e inspirarlo a hacer lo correcto.

Rey Joaquin

El rey de Cariza es un líder educado y gentil. Ayuda a Elena a lidiar con el carácter bravucón del rey Héctor.

Príncipe Alonso

El príncipe de Córdoba se cree encantador, pero es un joven mimado sin interés en gobernar.

Rey Juan Ramón

Este gran líder está frustrado por la conducta de su hijo, el príncipe Alonso. Admira la pasión de Elena por su cargo.

Rey Lars

Para el rey de Maarswik es difícil hacerle frente al ambicioso rey Héctor. Elena le ayuda a ser más fuerte.

Una ayuda espiritosa

Elena debe decidir si ayudar al espíritu de una abuela a resolver un conflicto entre sus nietos. ¡Si lo hace se arriesga a perderse la fiesta familiar del Día de Muertos!

Aguantar o tirar la toalla

En el retiro real en una isla del rey Héctor, Elena trata de encajar... pero un bebé de marposa la necesita. ¿Debe desafiar al abusivo Héctor y defender lo correcto?

DECISIONES DIFÍCILES

La princesa heredera debe tomar muchas decisiones. ¡A veces no es fácil saber qué hacer! Pero cuando escucha a su corazón suele hallar la respuesta correcta.

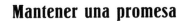

Mantener una promesa

Elena se divide entre la
solemne visita en palacio
y la ayuda que prometió
a su hermana Isabel. Debe
decidir qué es lo primero,
su familia o el deber real.

¿QUÉ CLASE DE LÍDER ERES?

¿Te gusta ingeniar ideas divertidas para tu familia y amigos? ¿Disfrutas ayudándoles a resolver problemas? ¿O solo quieres que hagan lo que tú dices? ¡Resuelve este cuestionario y sabrás qué tipo de líder eres!

1

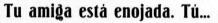

Tu amiga está enojada. Tú...

A) La escuchas con atención y la ayudas a dar con una solución.
B) Lo solucionas. Tú puedes arreglarlo todo –o eso crees–.
C) Ups, ahora estás jugando. Quizá la ayudes después.
D) Le pides que haga exactamente lo que le digas.

2

En los deportes, ¿qué te gusta más hacer?

A) Ser del equipo. ¡Es más divertido!
B) Entrenar, para decirle a todos qué hacer.
C) Prefieres animar desde la línea de banda.
D) Debes ser el jugador estrella.

3

¿Qué quieres que tus amigos piensen de ti?

A) Que pueden contar contigo.
B) Que eres muy inteligente.
C) Que siempre buscas diversión.
D) Que haces regalos geniales.

4

Si tuvieras un poder mágico, ¿cuál seria?

A) El poder de hacer reír a la gente.
B) El poder de hacer que la gente te admire.
C) El poder de hacer que la gente deje de mangonearte.
D) El poder de hacer que todos hagan tu voluntad.

5

Si cometes un error tonto...

A) Te ríes y aprendes de él.
B) Le dices a todos que no era un error.
C) Finges que es culpa de otro.
D) Te enfadas con todo el que se ríe de ti.

Mayoria A: Elena
Bondadoso
Quieres lo mejor para todos, y tus amigos saben que pueden contar contigo. Pero a veces te emocionas en exceso. ¡Frena y piensa antes de ayudar!

Mayoria B: Esteban
Controlador
Te encanta controlar todo, pero debes escuchar más a los demás. Cuando lo hagas, tus puntos fuertes serán tu talento para organizar y planificar.

Mayoria C: Principe Alonso
Despreocupado
Divertirse es estupendo y a todos les gusta tu trato fácil, pero procura que tu actitud juguetona no se convierta en flojera. Cuando hagas lo que debes, serás increíble.

Mayoria D: Rey Héctor
Exigente
Sueles enfadarte cuando la gente no coincide contigo. Da la razón a otros de vez en cuando. Es un trabajo en equipo.

AGRADECIMIENTOS

Edición de proyecto Shari Last y Ruth Amos

Diseño sénior Lynne Moulding

Diseño Lisa Rogers

Dirección de preproducción Kavita Varma

Producción Zara Markland

Coordinación editorial Sadie Smith

Coordinación de arte Ron Stobbart

Dirección de arte Lisa Lanzarini

Coordinación de publicaciones Julie Ferris

Dirección de publicaciones Simon Beecroft

Publicado originalmente en Gran Bretaña
en 2017 por Dorling Kindersley Ltd.,
80 Strand, London WC2R 0RL

Parte de Penguin Random House

Título original: *Elena of Avalor. The Essential Guide*
Primera edición 2017

Producción editorial de la versión en español:
deleatur, s.l.
Traducción: Carmen Gómez Aragón

ISBN 978-1-4654-6133-9

Impreso y encuadernado en China

UN MUNDO DE IDEAS
www.dkespañol.com
www.disney.com